生 命 的 秘 境

梵 澄 译 丛 · 主 编 闻 中

生命的秘境

[印] 卡比尔　著

清宁　陈迦文　艾千又　译

GUANGXI NORMAL UNIVERSITY PRESS
广西师范大学出版社
·桂林·

卡比尔

总顾问

高世名

顾　问

（以姓氏笔画为序）

王志成

毛世昌

卢勇

乐黛云

孙波

孙向晨

杜伽南达

吴学国

余旭红

张颂仁

高世名

雷子人

主　编

闻中

中译者前言

人生在世，要活出诗意，而人生来就是有诗意的。

读卡比尔的诗，感觉他就在我们的对面，在我们的心上。他诗意地、毫不客气地揭露世间的种种，既自嘲又不放过任何人，既自爱又爱人，爱至爱的那个他。好一个畅快淋漓的人生！

活着，活着，渐渐地就心生喜悦和感动了，小小的，轻柔的，实实在在的。活着，活着，品着生活的千滋百味，在某一刻就与卡比尔相应了。读着，读着，就又懂了一些，就自然地翻译出来与大家共享。

感恩咱们翻译小团队的亲密协作，感恩促成这本书与大家见面的人和事，感恩正在读着这些文字的你。愿你也心生欢喜和至爱。

清宁　陈迦文　艾千又

2023 年 5 月

前言
来自卡比尔的信息

印度 15 世纪的卡比尔（Kabir）是世界文化史上受人喜爱和钦佩、作品广为传诵的诗人之一。人们以一种很少被其他诗人激发的热情，传唱着他的颂歌（bhajans），无论是在田野，还是在庙堂，无论是农民，还是音乐家。500 多年以来，卡比尔的诗歌，尤其是对句（dohas），逐渐变成犹如谚语般的经典语录。卡比尔的诗歌，抒发出无数民众的心声；他的对句时常被人们引用，作为至高至深真理的实证。

事实上，卡比尔是一位奉爱者，他的爱至高无上。他的一生犹如一部圣洁的史诗！他所追求的至爱，与之结合的欢欣，并不是抽象的。他的至爱是无可辩驳的存在，他的整个身心被点燃，让他诗意大爆发。

卡比尔用最感性的画面描绘他的至爱，就像年轻的新娘向她的至爱求爱一样。他的至爱是无处不在的原初元素，我们因他而存在，他是我们的灵魂。卡比尔用悠扬、凄美、简练的语言表达他对至爱的狂热爱恋。5 个多世纪以来，卡比尔的圣洁之歌持续地在人们的心中回响着。

神秘主义者和圣贤们将透过幻象的面纱所见，描述成父亲、母亲、爱人、新娘、新郎、发光者、圣子、我们存在的基础等等。

也许这些表达都只是在试图命名他们所说的"不可命名者"。"在这一实相的层面上，我们不能再谈论圣父、圣子和圣灵，而只能谈论一个存在，"正如卡比尔所言，"超越有限和无限的……纯粹存在。"

身为一个目不识丁、贫穷、被边缘化的普通织布工人，卡比尔超越了他所处时代的一切物质限制。他是一个激进的、有远见的诗人和圣者，对压制真正精神追求的宗教和社会正统观念进行了抨击。几个世纪以来，他激进却永恒的真知灼见一直在启迪着整个南亚地区人们的心灵和思想，而今，世界各地越来越多的人，也深深受其启发，获得人生的无穷启示与灵感。

印度是一个文明古国；4000多年来，印度呈现出诗歌、音乐、舞蹈、戏剧、绘画、雕塑、陶艺和纺织等鲜活多彩的文化传统。这些多样化的表达无一例外地在观察和庆祝生命的丰饶、感性与神秘。

然而，孕育出真正的印度文明最肥沃的土壤一直是并将继续是超验的神性；印度人热衷于尝试打开另一只内在的眼睛——"第三只眼"——去观察和体验他。他一次次地被表述为"神圣之爱"。

伟大的印度诗人、圣人室利·阿罗频多（1872—1950）称其为"终极的奥秘""存有的最终秘语"。

卡比尔被誉为"印地语文学最伟大的诗人"。100多年前的1915年，诺贝尔文学奖得主泰戈尔英译了《卡比尔的100首诗》，首次将卡比尔的宏大诗歌意境译介给了全世界的读者。

在过去的40年里，我对卡比尔诗歌进行了英文译创，出版了诗集《走进卡比尔的诗境》和《大海融入一滴水：卡比尔诗选》；我与各大洲数个国家的读者分享了卡比尔的普世愿景——合一与大同。

2020年，在拥有来自60多个国家约3000名居民的印度国际小镇黎明之城（Auroville），我们发心将卡比尔诗歌翻译成至少10种语言，其中包括中文和世界语（Esperanto）。本书译者清宁、陈迦文和艾千又以我的英文译创为蓝本，非常用心地将卡比尔诗歌翻译成了中文，将他的至爱与合一信息带给中国人民和全世界的中文读者。

我最热切和发自内心的希望是——卡比尔诗歌的翻译出版将会极大地推动中印这两个亚洲伟大的文明古国携手同行，共同迎来人类大同和普世和平的新世界。

塞德夫·库马尔

加拿大滑铁卢大学荣誉退休教授

卡比尔简介

一

在巴西的河流中有一种鱼，它的一只眼睛探秘水深处，另一只仰望天空和阳光。

15世纪印度圣者、诗人卡比尔就好似这种鱼。在他的眼里，天地是一个统一的整体。

卡比尔是印度最伟大的神秘主义者和诗人。他被比作释迦牟尼佛，并被誉为"印地语文学之父"和维护宗教和谐的"守护神"。卡比尔的数千首诗歌和对句触动着人类最热切的向往——爱，直到今天，人们仍然以充沛的情感吟诵和传唱着。

卡比尔有着高贵的灵魂，他以无与伦比的热情拥抱整个生活，包括世俗生活和精神生活。他因而受到所有印度人的喜爱：对于关怀社会的人而言，卡比尔是一个革命家，他的诗歌反对强权和特权的暴政；对于受压迫者而言，卡比尔是一位圣人，他大声反对歧视印度种姓制度中的贱民；对于追求灵性的人而言，卡比尔是一位证悟存在纯意识的伟大瑜伽士，他像灯塔一样在生命之旅变幻莫测的风暴中照亮前行的路；对于文人而言，卡比尔是印地语文学史上千年难得一遇的杰出诗人。

卡比尔被誉为阿凡达（Avatar），至高无上者的化身，"印度的路德""受圣约翰著作影响的基督徒"。所有宗教团体都声称卡比尔是他们的一分子：他是穆斯林人的"卡比尔·沙阿（Kabir Shah）"，沙阿意为"伟大的国王"；事实上，"Al Kabir"是《古兰经》中真主的99个名字之一。印度教徒常称他为"Kabir das"，"das"即"圣仆"。锡克教徒和卡比尔的追随者们称他为卡比尔上师（Kabir Sahib）。他还被称为"巴巴吉·卡比尔（Babaji Kabir）"，"巴巴"是对有学问男子的亲切称谓。苏菲主义者称卡比尔为灵性导师（Pir）；信奉毗湿奴（Vishnu）的人称他为一名奉爱者（bhakta）。对当今印度人而言，卡比尔是一位开悟者，他的境界不受正统教义或教条的约束，他在今天一如既往地活在人们心中。的确，没有任何一位印度神秘主义者像卡比尔那样受到如此众多的不同团体和社群的关注和赞誉。

而对于印度的普通百姓来说，卡比尔一直是他们心中的"圣人"。卡比尔向他们传递出简单而深刻的圣洁信息。作为目不识丁的圣洁信使，卡比尔用的是15世纪简明而质朴的印地语方言。

卡比尔的至爱不在远方，不在云山上、庙宇中或洞穴里，而是在他自己的心中，就像"花的芬芳""眼里的瞳孔""牡蛎壳中的珍珠"。

卡比尔和印度其他奉爱者如此渴望的至爱是谁？他（或她或它）

被塑造得如此"像人"，但我们如何以自己的经历理解他？感知到他的临在，是一种梦幻般的状态，还是一种幻觉？这是慈悲的上天赐予有福之人的礼物吗？

这样的问题，如果不只是为了提问，而是出于某种探索，用我们的日常语言或头脑构思不一定能有效地作答。需要有一种新的"语言"，一套新的符号和隐喻。在灵性文学中，最常用的比喻是一滴水和海洋。处于平常意识状态的人只把自己看作一滴水；在心灵升华的状态，人也会照见一滴水中包含着大海。然而，水与海分隔开来，它们之间被蒙上了一层厚厚的幻象面纱。卡比尔说："新娘啊！揭开你的面纱，你会看到你的爱人就站在你面前！"或者，用威廉·布莱克的话来说："如果知觉之门得以净化，一切事物就都会如实地呈现在人们面前——那就是无限。"

通常，这种"觉醒"的状态被描述为至乐，就像是从长久的睡梦中醒来。千百年来，这种状态一直是流淌出"灵性"诗歌和智慧之言的源泉。

在"幻象面纱"背后，在表层面具之下，一定有另一个宇宙，只有通过"心灵的眼睛"，即"内视之眼"，才能进入。伟大的圣人说，人打开内视之眼会见到人神合一。无论在哪里，无论在什么时代，觉醒的眼睛会发现所有造物的合一，发现同一元素无处不在。

我……我是……我的

头脑编造出

怎样的幻觉！

噢　我的至爱

这些碎片

全都是

你的一部分

将它们

还给你

除了自我

什么也没失去！

卡比尔说："一滴水 / 融入了 / 大海 /……大海 / 融入了 / 一滴水 / 谁还能分辨出 / 哪个是海？ / 哪个是水？"

处于这种合一的状态，一切区别——求道者与被求者、人与上苍、生命体与无生命体、物质与精神、自然界与超自然界、神圣与世俗——都被消除了。在这种无差别的合一中，不存在单纯的我与你、新娘与新郎、爱者与被爱者、主体与客体，这些全都是一体的。有一个不断进化，"永远不同，但永远合一"，整合、整体的存在。

根据印度的一个传说，天鹅有一种特殊的天赋，能把牛奶和水分开，从而辨别真假。虽然从外表上看，天鹅和白鹤并没有太大的区别，但当海浪拍击海岸时，据说天鹅会潜入水中寻找珍珠，而白鹤则满足于寻找鱼。

精神追求者如同寻找珍珠的天鹅，总是从幻象中筛选真实。在不同的国家和传统中，灵性追求者的探索和知识惊人地相似，尽管在表面上有许多差异。怀疑灵性知识，有时甚至是更强烈的反应，在各种社会形态中并没有太大的不同。

噢　人呐！

噢　亲爱的朋友！

你为何看不见

造物主

体现在

他的一切造物中？

你为何不明白

一切造物

皆是

他的化身？

一光生万有

孰好？

孰坏?

这些不过是

你头脑中的

幻影

二

就像印度的许多其他神秘人物一样，卡比尔是一个历史传说；他的生活细节在古代已经遗失了。学者们对卡比尔的家世和生平，甚至对他生活的时代都有很多争议。

一位杰出的东方学家，显然被有关他的各种相互矛盾的说法激怒了，甚至提出"卡比尔这个人并不存在——这不是完全不可能的，印度教一些自由思想家只是以他的名义来创新"。

根据研究卡比尔的众多学者的著述，历史和传说中的卡比尔生平大致如下。

最为公认的卡比尔出生和死亡年份分别是 1455 年和 1575 年，因此卡比尔去世时已经 120 岁了。卡比尔的寿命如此之长，似乎包括了他与许多历史人物的接触，比如西坎德尔·洛迪大帝（Emperor Sikander Lodi）和那纳克上师（Guru Nanak）。卡比尔诗中还提到了 13 世纪晚期的圣者和诗人杰得夫（Jaidev）和兰德福（Namdev）。

卡比尔出生在卡西（Kasi）或附近，即现在的瓦拉纳西（Varanasi）或巴纳拉斯（Banaras）。他生长在一个以织布为生的家庭和社区，这是关于卡比尔生活的少数几个被人们公认的事实之一。作为一名织布工，根据当时盛行的印度社会等级制度，卡比尔属于首陀罗（sudra）。这是最低的种姓；同属这一种姓的还包括其他工匠，如陶工、染色工、鞋匠等。首陀罗的地位比被排除在种姓等级制度之外的掏粪工、屠夫和处理兽皮的人稍高。但他们都被更高的种姓（尤其是婆罗门）视为"贱民"，被排斥在所有社会和宗教活动之外。

作为一名织布工，卡比尔生活艰苦，一生贫困。然而，他从小就对灵性很感兴趣。虽然他一直从事编织，从来没有出家成为苦行僧，但他身上有一种忧郁和对世俗追求的超然。在他的诗中没有一丝对物质的野心；作为一名真正的瑜伽士，他就像舞台上的演员，尽责地扮演着自己的角色，但从不把它误认为是"真实的"，他织布的双手助力"他内心的激情冥想"。

如果像人们认为的那样，卡比尔是织布工，那么他对瑜伽和印度哲学思想的认知从何而来？其中一些可能是来自他的上师罗摩南达（Ramananda）。但有学者认为："卡比尔所属的织工次等种姓，在他父辈和祖辈之前，曾属于更高的瑜伽传统，后来被迫皈依了伊斯兰教。"因此，卡比尔对瑜伽的深刻见解可能一部分源于他的成长经历，一部分得益于他的上师。

我们不确定卡比尔出生时是印度教徒还是穆斯林。人们普遍认为卡比尔生于印度教家庭，被一个叫作阿里（Ali）的穆斯林织工发现并带回家领养。

卡比尔一生都在歌唱自己"既不是印度教徒，也不是穆斯林"，而仅仅是"五种元素同台演出，精神在其间演绎悲欢离合的戏剧"。

卡比尔一定是从小就有灵性渴求。他是年幼的织布工，不识字、低种姓，选择拜当时著名的印度教圣人罗摩南达尊者为师，这本身就是一种大胆的行为。据说，在瓦拉纳西城，罗摩南达尊者常常在天亮前走下恒河边的石阶，到圣河中沐浴。为了引起尊者的注意，一天清晨，卡比尔躺在石阶上，不知情的尊者踩了他一脚。尊者被吓了一跳，不禁念出神圣的祷文：Ram! Ram!（罗摩！罗摩！）卡比尔把这当成上师接纳他入师门而赐给他的神圣咒语。从那以后，就再也没有回头路了！

虽然罗摩南达是印度教徒和婆罗门，卡比尔是穆斯林和首陀罗，但当真正的上师和弟子相遇时，这一切区别都变得不重要了。

噢　卡比尔
我见到了上师
让我获得自由
就像盐融入面粉
我不再是我！

现在　我已超越

种姓

教义

名称

噢　亲爱的朋友

现在的我

该叫什么？

　　成为罗摩南达的弟子是卡比尔一生中的主要事件。在印度教传
统中，一位真正的上师对领悟灵性知识至关重要；上师甚至被认为
比圣者更伟大，因为是经由上师让人觉醒。

噢　卡比尔

见到上师罗摩南达

我所有的

矛盾和痛苦

都消失了

永远地消失了！

　　学者们对于卡比尔是否真的有一位上师存在争议。无论圣人罗
摩南达是否如人们普遍认为的那样是他的上师，在卡比尔的心灵旅

程中，发现某种指引他道路的"指导力量"，无疑具有重大意义：

绝望吞没了我

我的脚步沉重、迟疑

我像个士兵

在战场上受了伤

世界在我看来

空虚而无意义

就在那时

我遇见了上师

他用爱填满了我

对卡比尔来说，上师就像一团雷雨云，帮助他绽放成一朵花，并使埋藏在他灵魂土壤中的灵性追求的种子结出果实。

上师揭开了卡比尔眼中幻象的面纱：他不懈地努力，将卡比尔淬炼成了纯洁而不屈的金子，把他从普通人变成了圣人。

除了罗摩南达之外，苏菲圣人谢赫·塔吉（Sheikh Taki）和皮坦巴导师（Pitambar Pir）有时也被认为可能是卡比尔的上师。和几乎所有关于卡比尔的描述一样，这是不是确凿的事实也备受争议。

卡比尔不是从正式的论道中学习，而是从"听"中学习。他被称为"多闻者（Bahuśruta）"。卡比尔住在圣城卡西，一定经常与同时代的圣人们接触。大学者、瑜伽士、湿婆、毗湿奴、牟尼等各个教派，身着各种长袍的苦行僧，形形色色的圣人挤满了这座老城的狭窄小巷，人数甚至比如今更多。离此地不远处的乔恩普尔（Jaunpur）和久西（Jhusi）是东方穆斯林的圣地，居住着许多苏菲上师和灵性导师，卡比尔也去过那里。

一般认为卡比尔是已婚男子；他的妻子名叫罗伊（Loi），儿子名叫迦玛勒（Kamal），女儿名叫迦玛丽（Kamali）。也有迹象表明，卡比尔的婚姻生活无幸福可言。很可能他还结过第二次婚，第一任妻子既不漂亮，行为也不高尚。然而，一些学者认为，卡比尔诗歌中凡是提及他的"两个妻子"之处，都应该只是隐喻，而不是其字面意思。他们相信，卡比尔所说的"两个妻子"是玛亚（Maya）和巴克提（Bhakti），即幻象和奉爱；卡比尔抛弃了玛亚——短暂虚幻的世界，迎娶了巴克提——爱与奉献。第一任妻子是紧张不安的根源，而第二位妻子给了他灵魂的慰藉。

尽管有关卡比尔的生平和家庭生活有很多无法确知之处，但有一点是肯定的，卡比尔不是苦行僧。在他的诗句中，多次提到新娘和新郎、婚床、新娘的面纱、新娘头发分线处涂抹的朱砂、年轻姑娘的羞怯、恋人分离时的痛苦，这些都是卡比尔"感性化的灵性"的有力证明。无论卡比尔是否真的结过婚，他一定是一个极其浪漫的人，他对至爱的渴望比世俗恋人的激情更强烈。俗世的爱情往往会褪色和枯萎——蜜月几乎总是太短，卡比尔的精神之爱却似乎永远在旺盛生长、不断开放。

据说，卡比尔在 20 岁时已经证得解脱，看到了至爱的脸。在这种觉醒的状态中，卡比尔率性地歌唱着至爱和真理，他的诗歌无休止地困扰着当时根深蒂固的宗教体制：

在每座城市

都有成群的学者

在每个地方

都有许多饱学之士

森林里到处是苦行僧

噢　亲爱的兄弟

可是真正的求知者

一个也没有

…………

欲望、愤怒

躁动、贪婪

噢　亲爱的朋友

只要一个人

被它们左右

傻瓜和学者

又有何区别？

卡比尔发出反传统的言论，对介入灵魂和心灵追求的仪式和典礼加以讽刺，认为它们毫无意义，很快就震撼了卡西城的印度教和穆斯林祭司。据说，曾有人多次企图骚扰和中伤卡比尔；最终卡比尔被卡西市的穆斯林行政长官兼法官起诉，被指控煽动叛乱。卡比尔被监禁，后来被捆绑着带到西坎德尔·洛迪大帝面前。但是尘世的帝王对卡比尔来说意义不大，据说他拒绝向皇帝鞠躬。卡比尔被判处死刑。然而，有传说称三次执行判决的尝试都失败了：卡比尔被绑住手脚扔进恒河，他逃脱了；熊熊烈火没有烧伤他；最后，要踩死他的那头愤怒的大象撤退了。

所有这些"奇迹"，如果属实，在人们眼中，只会确认和强化卡比尔的"圣洁"。对于世俗势力来说，卡比尔成为一股更加强大的力量。为了维持公共秩序，皇帝最终流放卡比尔，将他从圣城卡西赶了出去。

在流亡期间，作为圣者使徒和诗人，卡比尔像个流浪的吟游诗人在人间漫游，歌咏着圣洁之歌、内在之光和天鹅的飞翔。1575年，卡比尔依然在流亡着，他受到包括印度教徒和穆斯林在内的所有人的尊敬。这一年，卡比尔在马格尔（Maghar）镇去世。即使在他最后的日子里，卡比尔也拒绝回到卡西，从而违背了古老的印度教信仰，即死在圣城的人注定要上天堂。

噢　亲爱的兄弟

对于了悟的人

卡西和马格尔

都一样

…………

如果上苍无处不在

怎么会有天堂和地狱？

怎么会有人去天堂

有人下地狱？

噢　求道者

只有无知的人

才会分别天堂和地狱

对于了悟的人

全都是空无

空无

在他死后，印度教徒和穆斯林都声称卡比尔是他们的圣人，都想按照自己的习俗为他举行最后的仪式：印度教徒计划将他的遗体火化，穆斯林要将其土葬。据说，当他们揭开裹尸布时，除了一堆花，什么也没找到。

这样的结局弥漫着浪漫神秘的气息，但似乎是对一位一生都拒绝被任何教条或信条束缚的人最合适的致敬。卡比尔以其神圣存在和优美诗句，历经数个世纪，依然散发着浓郁的芬芳！

三

当一个人在人身上看见上苍的时候，就获得了圆满的真知……如今，我见到唯有上苍在各个形体中活动：作为圣人、骗子、恶棍。

——室利·罗摩克里希纳

卡比尔的诗中有一种无处不在的超脱感——"彼岸""未被触动的音乐""看不见的河流"。卡比尔活在永恒的快乐与狂喜中，然而，他同时深深扎根于自己的时代和滋养他的土壤。他的比喻、寓言、讽刺、教导、关切和渴望，表明他深知本阶层和种姓的人们所经历的考验和磨难。事实上，卡比尔似乎活在某种光明朗照的此岸与彼岸共生之地；因为在他眼中，神圣临在无处不在，宇宙万有都有着同样的神圣品质。

在卡比尔的时代，印度教、各种瑜伽派别和伊斯兰教的信仰及仪式想必已经有了很大程度的发展。卡比尔在诗中经常提到它们，但他的洞见总是超越这一切。卡比尔的救赎观，接近瑜伽的圣人理想：一个完美的瑜伽士是自修成就的存在，人像一粒种子，开花、结果，达成神圣的圆满。

噢　卡比尔
在这黏土碗中
有凉亭和树林
有造物主栖身

在这碗中
有七大海洋
有无数繁星
有珍珠和藏宝人
有永恒
有回声
有泉涌

噢　亲爱的朋友
请听我说
至爱圣者

就在我的内在

在我的身体里

对卡比尔来说，一个"好"人的标志不是其财富、种姓、学识或职业，而是灵性进化程度。前者不过是面具，真正的价值取决于一个人对内在的认知程度：

噢　亲爱的朋友

不要妄下判断

你必须确定

求道者的真知

而非他的种姓

要看剑是否锋利

而不是鞘是否华丽

卡比尔的修行之道既不是禁欲苦行，也不是肉欲的放纵。谈到这些极端，他有些不屑。卡比尔主张走中庸之道，即"超然的快乐"之道。

音乐里充满了忧郁

悲伤中洋溢着音符

噢　求道者

同理

一个苦行僧

可能会贪婪

而一个凡夫

却可能摆脱

所有的诱惑

卡比尔拒绝的似乎不是快乐，而是虚伪矫饰；对他来说，伪装"圣洁"和享乐主义的伪装没有什么不同。他想要揭开幻象的面纱，烧掉幻象的房子，解放我们的自我：

这把爱火

将我的房子点燃

噢　亲爱的朋友

如果

你选择

追随我

你要当心！
我也会
点燃你的房子
将它烧成灰烬

对许多印度人来说，卡比尔是神像崇拜的强烈反对者：

如果敬拜石像
可以让人看见
那至爱的脸庞
还不如
拜一座大山

或者　更好的是
拜一尊石磨
它磨碎谷物
来养活世人

即使在今天，仍然有许多人认为卡比尔对神像崇拜的批评是由于他缺乏充分的理解。他们认为，如果上苍无处不在，正如卡比尔所相信的那样，那么，他可以存在于任何形体中，在树中，也在神像中。

这样的观点并非毫无价值，卡比尔不是不知道。不过，他看到神像崇拜和其他外在仪式被严重滥用，它们不是冥想方法，而是会让人分心，借以逃避自己内在的实相。当一个人领悟了内在实相，会发现整个宇宙，当然包括神像在内，都充盈着他的临在。但在那觉醒的时刻到来之前，神像几乎没有帮助。

有人说，在印度文学史上，没有比卡比尔更伟大的讽刺作家了。他是一位老师，以其讽刺的口吻和简洁的表达将我们从沉睡中唤醒。当我们因学识而自矜时，卡比尔告诫说，我们"只不过是一头驮着檀香木的驴"，却不懂得欣赏它的香气。

卡比尔拒绝书本、神像和仪式，但他并不是一个虚无主义者。远非如此。当他嘲笑让人远离灵性之旅的所有仪轨时，他认识到人类精神不可避免地会屈服于诱惑。他的讽刺不是愤世嫉俗，而是理解人之愚蠢，其见地却不受其限制。

卡比尔一遍又一遍地叹道："上苍既不在冈仁波齐（Kailash），也不在克尔白（Kaaba）……既不在《往世书》中，也不在《古兰经》里……我说他无处不在；可是，大学者，你却一直把他藏在书里……"

卡比尔反对各种压迫，歌颂永恒的善与和谐。然而，他从未停止指出超越善恶美丑，超越人类所有界限和社会关注的真理。卡比尔问道："什么是好？什么是坏？它们都是同一道光的反射！"

四

所有的灵性思想都能在卡比尔身上找到共鸣，但他的见地不受任何一种思想的限制。就像他所寻求的超然实相一样，卡比尔也不会被任何标签或"主义"所牵绊。如果要给他起个名字的话，那就应该像他自称的那样，叫他"爱人"。卡比尔是一个爱人，爱着圣者。

卡比尔知道满足愿望必须付出的代价。他的灵魂在漫长的黑夜中受苦；但他知道，没有这种痛苦，没有人能有望见到圣洁的面容。

我思念着他

等待着他

满怀希望和犹豫

呼唤着他的名

我泪流满面

被痛苦吞没

我苦恋着他

啊！我的心儿几多欢！

我的爱！我的爱！

他会来到我的面前

他会被我的眼泪吸引

被我的叹息感染

因为他知道

我心中对他的思念

噢　亲爱的朋友

这种追求真难！

它是一团熊熊烈火！

如果你想被烤

跳进去吧！

但如果你只是好奇

这火会毁了你！

我在爱火中燃烧

来到我的至爱身边

噢　亲爱的朋友

看见我烧着了

他也在燃烧

啊！多么壮观！

　　无论卡比尔的爱看起来多么强烈和疯狂，其中没有廉价的多愁
善感；事实上，这种爱是虔静的。卡比尔的爱不是突然的迷恋，（并
非）在一时的狂热中超越自身的局限；也不会因为爱人不在而枯萎，
或变得乏味。这种爱充满了信仰，但没有宗教狂热。它有韧性，不
会动摇。

　　噢　亲爱的朋友

只有当人

永远陶醉在

他的爱中

才是真的醉了

啊！

我像一头野象一样

漫游

忘却了身体的

欢乐与痛苦

五

如今现存有大量卡比尔诗歌作品。不过，卡比尔很可能没有接受过正规教育，是个"文盲"。因此，他的诗歌最有可能是出自他的口中，其中一些由他的弟子们写下；也有一部分是口口相传，其间或许发生了改变和扭曲；卡比尔的追随者们也加入了他们的改动和创作。这让我们很难知道哪些是真正的卡比尔作品。此外，卡比尔的诗歌是"圣人言"，而不仅仅是文学作品。卡比尔的所有作品都在热烈地表达他的体悟和洞见，没有叙事、寓言、史诗、评论或争执。

的确，卡比尔有时似乎不熟悉诗歌创作的微妙之处，或者对华丽、精致的诗歌艺术漠不关心。许多文学评论家认为他的风格"过于粗犷和有张力"，不算是传统意义上的印度诗歌。但在看似偶尔粗野的外相之下，卡比尔"像花朵一样温柔，像钻石一样坚硬"。卡比尔无疑是印度伟大的诗人之一。作为一位神秘诗人，他可能永远不会被超越。

不过，卡比尔首先是一个开悟之人，他的诗歌只是他的体悟的"副产品"。如果逐字逐句地咀嚼他的话，或者试图仅仅在头脑层面解读他的隐喻，就不太可能真正读懂卡比尔。一个人可以乘船穿越海洋，但却可能不知道它的深度。只有准备深潜的人，才有可能理解卡比尔的浩瀚。

100 多年前的 1915 年，诺贝尔文学奖得主泰戈尔英译了《卡比尔的 100 首诗》，首次将卡比尔的宏大诗歌意境译介给了全世界的读者。

泰戈尔对卡比尔的诗歌赞不绝口，认为它们是"神秘的渴望与狂喜的最佳表达"，而这正是泰戈尔本人诗歌的精髓所在。泰戈尔的抒情式译文和他在文坛的地位为卡比尔诗歌赢得了西方读者和印度知识分子的关注。他的译本还被进一步翻译成法语、俄语，甚至"美式英语"。

卡比尔诗歌用的是他那个时代和他生活过的地方的方言。他说话的方式自由流畅且粗犷。有时，卡比尔玩文字就像小孩子玩色彩一样；在这个过程中，他创造出了一些非凡的形象。我们最好不要用严格的语法来审视卡比尔的语言或风格。他的体悟塑造了他的表达，有时符合语言规则，有时完全违背它们。卡比尔对语言有特殊的驾驭能力。在卡比尔面前，语言似乎在颤抖，无法对他的任何愿望说"不"。

卡比尔对自己深刻、清晰的洞见有极大的信心，这让他无所畏惧。他是一位伟大的导师，言语间时而带着强烈的愤慨，时而温柔地讽刺，时而深情地劝导。无论何时，卡比尔的话都是激动人心的，因为这些话出自一个在为唤醒沉睡的自我而进行英勇斗争的人之口。他道出了自己灵性旅程中的矛盾和煎熬，困扰着他的妄想和杂念，以及像影子一样永远追着他的可怕的孤独。卡比尔以其诚挚无畏的心分享这一切，召唤人们从漫长的沉睡中醒来，去看见永远存在、永远明亮的至爱脸庞。

卡比尔使用的意象源于自然和人，它们从不晦涩、抽象，或只是为了满足审美意趣。它们永远接地气，充满活力和感性。事实上，卡比尔一直反对禁欲苦行，他将内在和超然作为一个整体来庆祝。

噢　我的至爱

每时每刻

在我周围

我都看见

你的面容

我为什么要

对任何事物

闭上眼睛？

当你的临在

无处不在！

卡比尔的诗歌随着爱人的心跳而悸动。他所有的感官和身体里的每一个毛孔，都能看见、听见、尝到、感觉到至爱的存在。卡比尔歌唱他的至爱——这个新的伴侣不受苦与乐的影响。卡比尔确信他的存在，会与他一直玩耍、舞动。

很多时候，"爱"是一个普通的词，常被滥用。人们会以为自己理解了爱的全部含义。当然，爱有很多种——有浪漫的爱、母爱、爱国、爱某种思想等等。还有上苍那无限、无条件、永远流动的爱。卡比尔寻求并表达的就是这种爱。然而，他并没有写手册或文章，告诉人们如何获得这种爱。卡比尔摒弃了许多他认为与爱的体验无关的东西：神像崇拜、拨弄念珠、唱诵、仪式、瑜伽、神学辩论、哲学体系、朝圣。相反，他谈到了渴望看见至爱的面容，寻找那些在路上的人，充盈在爱中，知道在表象后面有另一个存在，并相信有一个意识的海洋。他用一千种不同的方式表达：

噢　求道者

这是所有教导的本质：

只有一心渴求

他的爱的人

才会被他相中

拥入他的怀抱

噢　新娘

掀起你的盖头来

你会看见

你的至爱

他就站在你的面前

或许，没有"办法"去揭开面纱。或许，唯一的方法就是怀想着神圣的至爱，回到本源，问所有孩子在开始人生旅程时都会问的基本问题："我从哪里来？……我是谁？"

卡比尔的体悟反映了人类永恒的追求，正如圣·奥古斯丁所言："智慧不是被创造出来的，而是存在于当下的，过去是这样，将来也是这样。"

对卡比尔来说，这种智慧就像自己的心跳一样具体、真实。他的诗歌为这种心跳增添了韵律；诗中的意象丰富、神圣，光聚于爱。卡比尔坚持认为，这种爱的体验无法用语言完全表达；它超越了所有的经文和形式，超越了自己的诗歌和其中的所有隐喻。

所有的神秘主义诗歌都以某种方式告诫我们，不要将文字视为"真理的载体"：神秘的体验仍然是不可言说的。据说，在写完《往世书》和《摩诃婆罗多》之后，伟大的圣人维亚萨（Vyas）请求诸神原谅他试图"让不可见的变得可见，让无处不在的拘于此地，让不可言说的被清晰表述"。

卡比尔通过诗歌也在试图将实相变得可及。但他所有的诗句在神圣的体验面前都被遗忘了：

我像一个哑巴

尝到了最甜蜜的果实

内心喜悦无比

却无法诉说

禅宗有句谚语："指月的手指不是月亮。"卡比尔诗歌只是在指向"月亮"。一旦人们见到了月亮，一切指引，甚至月亮本身，都失去了意义。

因此，卡比尔诗歌只能带我们走这么远，之后是不可避免的静默：

噢　亲爱的朋友

可以说的

我都说了

现在

没有了

话语和诗歌

它们有什么用?!

爱的激流

已将它们冲走！

没有了!

没有了!

没有什么可说的了

他是这，他是那

他既稳固，又在移动

所有这些都是无知之言

一个人要是说出这些话

就还没有见过他!

噢　卡比尔

现在什么都没有了!

都没了!

只有他!

塞德夫·库马尔

目 录

一

至爱的他

　　卡比尔的至爱不在遥远他乡，不在云雾弥漫的远山，不在神庙或山洞，而是在他的心中，就像"花的芬芳""水的湿润""眼中的瞳孔""云中的闪电""牡蛎壳中的珍珠"。

　　在这位"每时每刻接收爱的信息"的至爱面前，卡比尔歌唱着、欢庆着。他让所有人都"睁开眼睛，看哪！"

　　卡比尔目光所及之处都充盈着至爱圣者的临在，他确实是无处不在的。卡比尔看着、闻着、品尝着、感受着这种爱并沉浸其中：

　　　　我的心，舞动起来吧！

　　　　欢快地跳起来吧！

　　　　带着生与死的狂喜，跳起来吧！

　　　　跟随这音乐的旋律舞动吧！

　　　　与山川、海洋、天地一起共舞吧！

跳吧！

跳吧！

塞德夫·库马尔

001

噢　卡比尔

我至爱的居所
是爱的圣殿
不是欢愉场

如果你渴望进来
请抛却你的骄傲

002

我会将我的眼睛

当作婚房

在瞳孔里

铺放婚床

我会用我的睫毛

做真丝窗帘

噢　我的至爱

在那里

我将与你缠绵

永生永世

003

带着光

你进入我的眼眸

噢　我的至爱

我会永远爱着你

我要垂下眼帘

好让你安住其中

这样一来

你就不会去看别的

而我将深情地凝视着你

只有你

004

我写信

给我的至爱

好像他住得很远

在另一个地方

噢　我忘了

他就住在这里

在我眼里

在我心上

每时每刻

接收爱的信息

005

爱没有距离

睡莲和月亮

离得那么远

却又这么近！

噢　求道者

请记住

对于那些

渴望亲近存在本源的人

所有的距离

都可以轻而易举地跨越

006

噢　亲爱的朋友

至爱让我如此陶醉

我所有的矛盾

已一去不复返

一个陶碗

经过烧制

就不会再

回到转台

007

噢　求道者

这种爱
任何尝过的人
都会被它迷住
由此陷入沉默

我问你
当你手握宝石
你会跑到街上
大声地宣告吗？

008

噢　亲爱的朋友

爱的烈火

喷发了!

睁开眼睛

看哪!

它的火光

射入了虚空

与一切光的源头

合一

009

噢　我的至爱

每时每刻
在我周围
我都看见
你的面容

我为什么要
对任何事物
闭上眼睛？
当你的临在
无处不在！

010

噢　亲爱的朋友

为了找寻

我的至爱

我游走于

遥远他乡

整个世界

当我与他相会

我自家的院子

成了整个宇宙

011

在夜梦中

我看见了

至爱的面容

啊!

他就这样把我

从沉睡中唤醒

现在

我不愿

睁开眼睛

我担心

这只是

一场梦

二

狂喜时刻

人们用"愉悦""快乐""幸福""狂喜"等词来表达与爱人结合的欢欣感受。卡比尔体验了这一切。在至爱的他的怀抱中，卡比尔像一只飞升碧空的百灵鸟一样歌唱着，忘却了"身体的欢乐与痛苦"。

卡比尔目光所及之处都充盈着至爱圣者的临在，他确实是无处不在的。卡比尔看着、闻着、品尝着、感受着这种爱并沉浸其中：

> 我的心，舞动起来吧！
> 欢快地跳起来吧！
> 带着生与死的狂喜，跳起来吧！
> 跟随这音乐的旋律舞动吧！
> 与山川、海洋、天地一起共舞吧！

卡比尔的爱是坚贞而永恒的，它不是一时的激情迸发，不带任何怀疑或矛盾情绪。充盈在这种爱中，卡比尔处于一种狂喜的状态——快乐、无畏、沉醉，充满欢歌笑语。

我陶醉在爱中

噢　我的至爱

请再倾注更多的爱吧！

世人的杯子是空的

盛不下一滴爱的甘露

而我的至爱在我心中

永远滋养着我

啊！至乐莫如是！

至乐莫如是！

塞德夫·库马尔

012

噢　卡比尔

我发现了

一个新的伴侣

无论欢愉

或是痛苦

他都不受影响

我将与他

嬉戏和共舞

我确信

他与我同在

永生永世

013

我目光所及之处

皆是我至爱之光

噢　亲爱的朋友

当我伸手去触碰它时

我也成了那光的一部分

014

噢　亲爱的朋友

要真正实现任何事情

只有一个神圣的地方

你瞧！

新娘如何装饰

头发的分线

不是涂黑粉

而是抹朱砂

当一个人的眼里

充满了至爱的光

还有什么别的

能够入得了眼？

015

噢　求道者

要看见至爱的面容

请擦亮内在的眼睛

然后　看哪！

你宛如赤子！

那么纯真

那么无邪

016

如果我的真丝衣裳

取悦不了我的至爱

我会将它们撕成碎片

然后　像苦行僧一样

穿上斗篷

噢　朋友　听好了！

为了亲近我的至爱

我会用任何东西

来打扮自己

017

啊！

至爱之歌

突然迸发

降临于我的

是怎样的静默！

我像一个哑巴

尝到了最甜蜜的果实

内心喜悦无比

却无法诉说

018

至爱之箭
射中了我

所有的理性
都无计可施
我说不出话
听不见声音
全身无力

噢
至乐莫如是！

019

噢 亲爱的朋友

只有当人

永远陶醉在

他的爱中

才是真的醉了

啊!

我像一头野象一样

漫游

忘却了身体的

欢乐与痛苦

020

噢　卡比尔

我的心

变成了

一只蜜蜂

在无水盛开的荷花里

它找到了

永恒的居所

而这

只有

真正的求道者

才能得见

021

噢　求道者

将你的身体
做成一盏陶灯
你的灵魂是灯芯
血液是灯油

啊　这盏灯的亮光
将让你看见
至爱的面容

022

这把爱火
将我的房子点燃

噢　亲爱的朋友
如果
你选择
追随我

你要当心！
我也会
点燃你的房子
将它烧成灰烬

三

渴望与至爱结合

人类苦难的主要根源是与真我疏离，这种观念深深地根植于印度教和佛教思想中。一旦意识到了这种疏离，灵性追求者就会渴望见到隐藏在幻象面纱背后的真我；在没见到真我之前，就会像恋人一样苦苦思念他。在印度毗湿奴神的奉爱者们眼中，真我并非"好似"爱人，而确实是他们的至爱。他是俊美、崇高的宇宙情人；他是克里希纳（Krishna）①，所有追求他的人都是他的牧牛姑娘，被他的音乐和临在所吸引。在许多节日庆典中，奉爱者们会将自己打扮成女人，并采用女性名字。无论是象征意义还是在实际层面上，奉爱者们把对体悟真我的渴求彻底变成了牧牛姑娘渴望与克里希纳结合。在苏菲传统中，真我被视为一位女性。苏菲教徒是苦恋莱拉（Laila），为爱痴狂的玛吉努（Majnun）；在他眼中，她永远是美丽而高贵的。而那些无法透过玛吉努觉悟的眼睛去追求真我的人，会觉得他强烈的渴望是非常荒谬的。

---

① 黑天神，毗湿奴的第八个化身，被很多印度教派别认为是至高无上的神，也是最具吸引力者。

卡比尔从来不归属于任何宗教或"主义"。他像玛吉努和牧牛姑娘一样渴望着与至爱的他结合。

噢　新娘

掀起你的盖头来

你会看见

你的至爱

他就站在你的面前

塞德夫·库马尔

023

牡蛎壳在大海里
却干渴地等待
那一滴雨
将它变成珍珠

噢　卡比尔

有了如此向往
即便是整个海洋
对于这只牡蛎壳
又有何益？

024

鹿子跑遍整个森林

寻找香气从何而来

它忘了

这麝香

就在

自己的香囊里

噢　求道者

上苍就在我们内在

而我们却

对他一无所知

025

噢　求道者

瞳孔在眼中
至爱在心中

然而
愚蠢的我们
走遍世界
去找寻他

026

噢　求道者

你要知道

圣河

就流淌在

人的内在

他就在那里

你得潜入

朝圣者走遍世界

内心却焦灼困惑

多么可惜!

027

我……我是……我的

头脑编造出

怎样的幻觉!

噢　我的至爱

这些碎片

全都是

你的一部分

将它们

还给你

除了自我

什么也没失去!

028

香油在种子中

火花在石头里

噢　求道者

同理

至爱就隐藏在

你的内在

睁开眼睛

看哪！

029

噢　卡比尔

在这场爱的盛宴中
欢庆吧！

一旦死亡来敲门
这黄金时刻
将一去不复返

030

唉

你这般炫耀

自己的身体

它是如此脆弱

像一只

没烤过的陶碗

噢　亲爱的朋友

请听着

只需轻轻一敲

这碗就会破碎

你将

独自一人

面对空无

031

卡比尔站在

人生的十字路口

他的手中捧着

爱的熊熊烈火

噢　亲爱的朋友

如果你想追随我

你必须

放火烧了自己的房子

032

噢　卡比尔

许多人来这个小酒馆

但只有献出一切的人

才会喝醉

其他人只会

无觉知地

无意识地

随波逐流

033

同处一片

水域里的

鹤与天鹅

多么相似!

然而　它们却

如此不同

你瞧!

天鹅

如何把牛奶和水

分开

而鹤却只是

在一旁看着

034

山顶上方

乌云密布

下阵雨啦！

但只有

松软的土壤

被冲走

流入河里

厚厚的硬石

仍然一动不动

对这一切

置若罔闻

035

下雨时

绿树茁壮成长

噢　亲爱的朋友

但对于枯木

这一切

天堂般的胜景

都毫无意义

036

噢　卡比尔

如果你找到了

那珍贵的宝石

你就默然心喜吧！

不要

四处游荡

将它挥霍

没有一个地方

知道它真正的价值

只有极少数的行家

才能看得见

它的光辉

037

噢　亲爱的朋友

真正的求道者

少之又少

他专心地听着

自己心灵的歌

就像一头鹿子

被猎人的音乐迷住

甚至不在意

潜伏的死亡

四

你的脚步为何游移不定？

真爱之人不会分心，他们目的纯洁、思想与行动正直统一。这听起来像是纯粹主义者的呐喊，然而，它们确实是爱人的基石。卡比尔谈到人类精神如何经常屈从于种种诱惑和妄想。他用词简洁，极具讽刺，在印度乃至世界文学史上都是罕见的。

卡比尔没有放过任何一个人：无论是印度教徒还是穆斯林，无论是大学者还是目不识丁的人，无论是有权有势还是被边缘化的人。在他的诗句中，卡比尔用刀一样锋利的话语毫不留情地剖开一切的虚妄和矫饰。他怀疑所有的教条和仪式、高调的布道、辩论、诵经或祈祷，因为它们通常不是发自纯粹的内心，而是出于僵死的习惯和愚蠢的骄傲。

卡比尔找寻的是真理。真正的求道者没有任何伪装，不会沉迷于高声唱诵。

仅仅依靠模仿声音

乌鸦不会变成天鹅！

噢　流浪者

你在朝什么圣？

圣河流向何方？

它就流淌在

你意识的海洋里

他就在那里

你得纵身一跃

投入他的怀抱

其他一切都只是

在沙漠中徘徊

荒凉与失落！

塞德夫·库马尔

038

千百年来

你一直在拨动

手中的念珠

然而你的心

却没有任何改变

噢　亲爱的朋友

放下念珠

张开你的手

让心转变

039

唱诵

忏悔

禁欲

禁食

在圣河中沐浴

噢　亲爱的朋友

请听着

这一切

全都是

无用之举

只有一种方法

打开你的慧眼

让自己沉浸在

对上苍的奉献之中

沉浸在他的爱中

040

只有经受过

烈火的考验

才算烤好了

而不是大喊

火！火！火！

噢　亲爱的朋友

请听着

当一个人

还不知道

什么是真

什么是幻

念诵上苍的名字

又有何益?!

041

噢　朝圣者

你对爱寻寻觅觅

却又放不下骄傲

爱与骄傲

怎能共存？

一鞘两把剑

谁曾听过

如此荒谬之事？！

042

噢 卡比尔

尝一尝

这种爱

不知它的味道

你会一无所知

你依然是过客

到访一间空房

你从何处来

又往何处去

都毫无意义

043

如果剃光头

能让人体悟

至上神性

噢　亲爱的朋友

那这一切

是多么

轻而易举的事

你瞧!

羊毛经常被剪

而羊离天堂

多么遥远!

044

他们堆砌沙石

将它称作

清真寺

噢　亲爱的朋友

在那里

阿訇大喊着

真主的名字

好像

上天是个聋子

045

噢　亲爱的朋友

看哪！

神父允诺天堂

到处树立石像

不要被欺骗！

它们只是

煤矿上的

黑暗之门

046

噢　求道者
请听好了：

这一切奇迹和仪式
全都是骗人的把戏
只是在幻象中沉迷

真理是整体的
没有领会他的本质
仅仅依靠模仿声音
乌鸦不会变成天鹅！

047

噢　卡比尔

看这些人

看他们如何

出售他们的造物

如何

盲目追求

相互模仿

他们去各地朝圣

举行空洞的仪式

内心迷失又困惑

048

如果敬拜石像

可以让人看见

那至爱的脸庞

还不如

拜一座大山

或者　更好的是

拜一尊石磨

它磨碎谷物

来养活世人

049

你虽出生尊贵

却行为低劣

噢　亲爱的朋友

请听着

如果金碗里

装满了毒液

难道它

还值得赞美吗？

050

唉！

世人迷失

陷入泥潭

不知道

谁是圣人

谁是骗子

噢　亲爱的朋友

只因聚集了

一群追随者

这会让他

成为圣人？

051

欲望

愤怒

躁动

贪婪

噢　亲爱的朋友

只要一个人

被它们左右

傻瓜和学者

又有何区别？

052

要看见至爱的面容

不是凭小聪明

或头脑的推理

噢 亲爱的朋友

这是所有秘密的秘密

只有一心渴求

他的爱的人

才会被他相中

拥入他的怀抱

053

噢 大学者

你坐在宝座上

数着念珠

讲话深奥

你骗的

究竟是谁?

圣主知道

每个人心中的

全部腐朽

054

噢 大学者

你熟读所有经书
但就像一只
笼中鹦鹉

你只会
给别人背诵经文
既不理解
也不实践

055

他们都去朝圣

沐浴在脏水中

念诵着造物的名

这有什么用呢？

因为他们的心

没有丝毫改变

噢　亲爱的朋友

看哪！

看死亡如何来临

并冲走每一个人

056

你的手拨动着念珠

你的口中念念有词

而你的念头

却在整个世界游荡

噢　亲爱的朋友

不要自欺欺人

就这样子

怎么能找到

至爱呢?!

057

礼拜

仪式

诵经

斋戒

这一切

全都像

一场儿戏

噢　求道者

请记住：

若非你充盈着

他的爱

否则　你永远看不见

他的面容

058

噢　卡比尔

请听念珠的感慨

你手中的念珠在问：

"你自己的心

没有丝毫转变

为何老是

拨动我呢?!"

059

噢　亲爱的朋友

你整天数着念珠

这有什么用呢?

你剃光头

穿上僧服

你觉得

这会让你

成为圣人?

五

在幻象中瞥见真实

真理被掩藏在层层幻象之下，这是所有灵性传统的核心教义。神秘主义者的目光穿透"平凡的面具"，直达更深远的维度；正如威廉·布莱克所言，"消融显现的表层，展露隐秘的无限"。

卡比尔将我们的普通意识状态称为"睡眠"，而我们所有的痛苦与烦恼都只是一场"梦"。在这睡梦中，我们偶尔会有"清醒"的时刻；然而我们的懒惰使我们重回无休止的沉睡中，陷入无边的幻觉和漫长的黑夜。"白天在吃饭，晚上在睡觉。啊，现在一切都消失了！它曾经是一颗珍珠，现在只剩下一具空壳！"

卡比尔用热烈、凄美而又富于启发性的笔触谈到死亡的残酷。然而，他并没有因此怯懦。对他来说，死亡并不代表生命的尽头，而是伟大旅程中的一步。

当人在"睡梦"中，死亡是无尽的折磨，让人步履蹒跚；觉醒就是将死亡当作一场庆典：

在这场爱的盛宴中

欢庆吧！

一旦死亡来敲门

这黄金时刻

将一去不复返

塞德夫·库马尔

060

噢　卡比尔

在黑夜里
在睡梦中
人为着
拥有的一切
而
烦恼忧愁

但是
在黎明
醒来时
你发现自己
两手空空
你所有的
盘算和交易
全都
一文不值

061

噢　卡比尔

在夜梦中
上苍与他的造物
似乎全都
支离破碎
残缺不全

啊！
但是
在白天醒来时
在光明中
就会看到
一切人事物
内在的合一

062

我们全都

在地球上

短暂停留

但是却这般

卖弄与炫耀！

噢　亲爱的朋友

无论国王、贵族

还是流浪汉

我们都走在同一条路上

去往同一个目的地

063

悲伤驻留在
众生的心中

噢 卡比尔
这就是
生命的本质

在石磨的两块石板之间
所有谷物都会被碾碎
没有什么能够
完好无损

064

噢　亲爱的朋友

有生必有死

这是自然法则

傻瓜以为死亡是

生命旅程的终点

但智者知道

死亡不过是

伟大旅程中

迈出的一步

065

噢　卡比尔

你看！

这乐器

所有的弦已断

它奏不出音符

音乐家已经离去

没有了他

怎么会有音乐？

066

噢　卡比尔

人的一生中
有多少幻象！
头脑在玩着
怎样的游戏！

人的肉体会消亡
但希望和渴求
却仍在继续
直到永远
不减不灭

067

地上的黏土

恳求陶工

"你为什么

如此用力地

揉捏我？

噢　陶工

我将你揉进土里

的那一天

还远吗？"

068

噢　我的至爱

如果

当我不再年轻

当我不再是我

直到那时

你才向我

展露自己

那又有何益?!

铁生了锈

还能变成

金子吗?!

069

海浪有起伏

人死后也会

再一次降生

噢　亲爱的朋友

请向

超越生死轮回的朝圣者

致敬

他们永远沉浸在

永恒的光明之中

070

我见过

许多勇士

但没有一个人

被他的爱之箭

射中

噢　求道者

当一个中箭之人

与另一个相遇

他们会创造出

什么样的乐章！

071

我四处找寻

上苍的爱慕者

但真爱他的人

少之又少

噢 亲爱的朋友

当爱恋他的人们

聚在一起欢庆时

所有的苦难

都化为庆祝！

072

噢　求道者

你渴望见到至爱

然而

你心中的爱

却已经干涸

你的身体知道

如何亲近他吗？

如果你见到他的面容

你会认出他吗？

你知道

怎样向他表达

你的爱意？

073

噢　亲爱的朋友

这种爱
不长在田野
也不在市集
贩卖

请记住
每个人都值得
拥有这种爱
无论是国王
还是穷人
只要向他
交出自我

074

噢　亲爱的朋友

求道之路

是一项

艰巨的任务

他是一团

熊熊烈火

如果你想

被烤

跳进去吧!

但

如果你只是好奇

这火

会毁了你!

075

一路上到处

散落着珍珠

然而盲人却

看不见它们

噢 亲爱的朋友

没有至爱之光

谁能走出迷宫?

076

噢　亲爱的朋友

你在探求什么？

你只会找到

自己寻觅的

如果你真的渴了

请记住

几滴露水

不能满足

你的渴求

你必须

纵身一跃

潜入河中

077

我们都只是

水中的泡沫

这就是

我们的命运

转瞬之间

我们就会破灭

就像天上的星星

当第一缕阳光照耀时

它们就会消失

078

唉!

有多少学者

读过所有的经文

但拥有智慧的人

却少之又少

噢　亲爱的朋友

要获得真知

只需要读一个字:

爱!

079

噢　大学者

我只说我亲眼所见

而你却一直在引经据典

我是为了

揭开他

神秘的面纱

而你　却总是

使他混乱复杂

我们的道路

怎会有交集?!

080

噢　亲爱的朋友

你总是沉浸在

智力活动中

瞧　你已经变成了

一块石头

你根本没有

被爱触动

噢　卡比尔

你要记住

没有了爱

一切都

毫无价值

枯燥乏味

081

要见到至爱的面容

不是通过学术辩论

而是要睁开你的慧眼

这就是

爱的本质

当新娘

躺在她爱人的怀中

谁还会

在乎婚礼?!

082

我和至爱

不再分离

我整个人

沉浸在他的怀抱里

噢　亲爱的朋友

我和他

像铁水一样

熔合在一起

现在

没人分得清

哪个是我

哪个是他

083

噢　卡比尔

云飘浮在天空中

他的爱化成阵雨

我站在这里

全身湿透了

我看着

大地

在爱中

绽放！

084

噢　卡比尔

为何不

抛开经书？

这样的学习

只会让人

钻进死胡同

噢　亲爱的朋友

除非

你充盈着他的爱

否则

为何要在黑暗中

大声喊着至爱？

085

噢　亲爱的朋友

至爱的他

如同

一条细绳

串起的

珍珠项链

辩论经文

会让

这条项链

打结

你用上逻辑

它甚至可能

被砸得粉碎

086

噢　卡比尔

至爱的他

如同一棵树

不受任何束缚的人

是它的果实！

放弃了所有辩经的求道者

是这棵树的树荫

啊！

它为疲惫的旅行者

提供了怎样的庇护！

087

噢　求道者

要看见

至爱的面容

你必须清除

灵魂之镜上的污垢

否则

光明怎能照进

你的内在？

你会像个睁眼瞎

什么也看不见

088

映照出

至爱脸庞的镜子

就在你的内在

但你却看不见

噢　亲爱的朋友

只有当内心

平静安详

波澜不惊

才能照见

他的面容

089

珍珠藏在

深海中

要找到它

你就得

敢

潜入海里

噢　亲爱的朋友

我这个胆小的老头子

害怕被淹没

我只能

坐在岸边

两手空空

090

当我抵达了彼岸

我会告诉你

有关他的一切

噢　亲爱的朋友

当船还在大海上漂流

喋喋不休又有何意义？

091

我不敢说

我的至爱

是真实的

但若要说

他是虚构的

则会是撒谎

噢　亲爱的朋友

我对我的至爱

究竟了解多少?

唉!

我还没看见

他的面容

092

噢　亲爱的朋友

人不知道
自己的真实本性
出于无知
忘了自己的根源
拜那么多偶像！

就像一个小孩
不知道
真正的父亲是谁！

093

一切众生

都在太一之中

通过滋养

太一

则可服务

一切众生

噢　亲爱的朋友

这就好比

给根浇上水

万物会生长

开花和结果

094

噢　卡比尔

海浪带来

一大堆珍珠

可惜

白鹤只是在海浪中游水

天鹅却高兴地捡珍珠

一个接一个

095

噢　求道者

造物的存在

如同沙中糖粒

大象没法拾取

蚂蚁却能品尝

噢　亲爱的朋友

真理微妙至极

要找到他

就必须谦卑

096

噢 求道者

至爱

神秘莫测

为何不让这个谜

继续存在？

为何要白费口舌

试图揭开他神秘的面纱？

《吠陀经》和《古兰经》

都没能描述他

谁又会相信你的话？！

097

假如

所有海水变成墨汁

所有林木被制成笔

地球表面被卷成纸

噢　亲爱的朋友

即使这样

也无法

描绘完

神性

098

噢　求道者
至爱的荣光
超乎想象
任何语言
都难以描绘

为何要争论和猜测？
为何不去见他
面对面？

那难道不是
最好的证明？

六

欢庆合一

卡比尔不断地歌颂众生合一。他说：一光生万有。

卡比尔眼中的"一"涵盖了一切：天与地、过去与未来，生命体与无生命物质，全都来自同一个不竭的源泉。卡比尔用得最多的隐喻就是水，它幻化为种种形态——冰、云、波浪、海洋或恒河的一部分——但它依然是水！

或者，正如托马斯·哈迪（Thomas Hardy）所言，它是"戴着众多面具的圣容"。

卡比尔说：

你若知道"一"
一切事物的本质
将向你展现

但如果你不知道"一"

所有学习都只是幻觉!

从"一"创生出万有

但万有却不能构成"一"!

就像《吠陀经》中的箴言"你就是那",卡比尔唱道:

一旦碗破了

什么是内?

什么是外?

噢 亲爱的朋友

一切都是一

塞德夫·库马尔

099

噢　我的至爱
当我呼唤你的名
我忘了自己是谁

你……我……
啊！我欢呼雀跃
所有的二元分别
都消失了

只有你
你……你……你……
无处不在！

100

只有在不知道真相之前

才会去争论是否有救赎

噢 卡比尔

请听着

当人体验到

神性存在于

所有众生中时

所有的辩论

都毫无意义

101

噢　亲爱的朋友

我到处找寻

我的至爱

但却一无所获

他和我

是一

不是二

当

一滴水

融入了

大海

谁还能分辨出

哪个是水？

哪个是海？

102

噢　亲爱的朋友

我到处找寻

我的至爱

但却一无所获

他和我

是一

不是二

当

大海

融入了

一滴水

谁还能分辨出

哪个是海？

哪个是水？

103

噢　亲爱的朋友

一滴水

融入了

大海

这谁都明白

可是

有谁知道

大海融入了

一滴水

能明白的人

少之又少

104

噢　至爱

我在你之中

你显化在万物中

就像海里有盐

所有的海水

尝起来

都是咸的

105

噢　亲爱的朋友

正如神祇在庙里

至爱在我们内在

他微妙的显现

无处不在

作为光

作为甘露

作为奉爱者

一切都在

他之中！

106

我……你……

是一

不是二

啊！

我心中燃起了

一束光

驱散

一切分别

一切黑暗

107

我们都像

一只泥碗

漂浮在河上

外面是水

里面也是水

一旦碗破了

什么是内？

什么是外？

噢　亲爱的朋友

一切都是一

108

噢　卡比尔

造物是一口大井
我们都从中打水

虽是不同的容器
然而我们的内在有着
同样的水

109

这……那……

噢　实际上

无处不在

弥漫着的

是一个元素

一切众生

身体有别

但呼吸的

是同一口气

噢　亲爱的朋友

若想了解

我心中的秘密

向内看

你自己

110

波浪与河流

是同一事物

的不同显现

潮起潮落的

都是水

噢　亲爱的朋友

只因它叫作波浪

就不再是水了吗？

111

冰只不过是
冻结后的水
在阳光照耀下
它又会变成水

噢　卡比尔
返回源头
真乃至乐!

原本是什么
就成了什么
还有什么
可说的呢?!

112

噢 卡比尔

一切都是

"一"的显现

如果你理解了

"一"的本质

一切都会

向你展现

从"一"创生出万有

但万有却不能构成"一"！

113

噢　求道者

你若知道"一"
一切事物的本质
将向你展现

但如果你不知道"一"
所有学习都只是幻觉!

114

一切众生

有着

同一身体

同一呼吸

一光生万有

谁是高贵的婆罗门？

谁是秽不可触的贱民？

115

哦　亲爱的朋友

我既不是印度教徒
也不是穆斯林

这具身体
只不过是
五大元素
的混合体

灵魂在其中上演
悲欢离合的戏剧

116

噢　亲爱的朋友

不要妄下判断

你必须确定

求道者的真知

而非他的种姓

要看剑是否锋利

而不是鞘是否华丽

117

神圣之光

无处不在

我们都是

同一个造物主

的孩子

噢　亲爱的朋友

那光衍生出万有

孰好?

孰坏?

这些不过是

你头脑中的

幻影

118

噢　亲爱的朋友

我的自我

遮住了

至爱的面容

而今

他向我显露出

他的面容

我不再是我

啊！

我心中燃起了一束光

驱散

一切分别

一切黑暗

119

噢　求道者

就像香气在花里
上苍在我们心中

鹿体内有麝香
因为无知
它跑遍整个森林
嗅着草寻找香气

120

噢　我的至爱

当我

被自我包裹

我就看不见

你的面容

现在

我看见了你

我不再是"我"

现在

我知道

爱之路

太狭窄

容不下两人走

只能一人

七

道德箴言

卡比尔深受人们的倾慕和喜爱。在印度，没有任何一位圣人的言语像卡比尔的那样被广泛引用、盛赞，而又时常被错误引用和误解。

在北印的印地语和文化中有成千上万的格言、警句、箴言等。其中有许多是卡比尔的对句——无论是否真正出自他。对印度人来说，卡比尔首先是一位出色的老师，他以简单直接的方式为生活的方方面面提供道德指引：骄傲与谦卑，高尚与纯真，混乱与合一，值得与徒劳。

卡比尔将精神追求寓于日常生活之中。对卡比尔和所有的圣贤来说，一个有灵性的人即是一个有着深厚道德涵养的人，这不是假正经或掩藏着自以为是的优越感，而是发自内心地践行最切实、最崇高的道德。

塞德夫·库马尔

121

在时间的车轮上

生而为人

实属罕见

噢　卡比尔

在有生之年

欢庆吧！

果实一旦成熟

掉落在地上

就再也没法

长回树枝上

122

噢　我的心

等待

时机

成熟

凡事

都有

自己的

节奏

园丁给果园浇再多的水

树木还是不会

不按季节

结果

123

为什么要骄傲自大?

这有何高尚可言?!

就像那高大但无用的椰枣树

没有叶子给疲惫的路人遮阴

椰枣又长得实在是遥不可及

124

你说话动听

但行为恶毒

安静点　亲爱的朋友

让你的行为说话

然后看看

所有的毒液

如何融化为

甘露

125

我的上师和圣主

都站在

我面前

我该给谁

先鞠一躬？

噢　求道者

请先敬拜

你的上师

是他

让你与圣主的

合一

成为可能

126

噢　求道者
上师如陶工
学生如陶器

当他从外面打磨时
哎哟　好痛！

但是　你看
他微妙地
从内在给予支持
得以创造出
一件精美的陶器

127

噢　卡比尔　你瞧！

我们多像飞蛾扑火

生活在幻觉之中

把自己烧成灰烬

啊　你要当心！

只有极少数人

在上师指引下

得以逃离

这种毁灭

128

噢　求道者
成千上万的人
被宗教引入歧途
走进了死胡同

但我的上师
带我走上了
一条狭窄艰难的路

从那里
我看到了
顶峰

129

噢　亲爱的朋友

如果上师自己都愚昧无知

学生怎么可能看见光?!

要当心!

一盲引众盲

只会让大家

都掉进沟里

130

求道者都知道

点金石和上师

之间有何区别

噢　亲爱的朋友

请记住

点金石能让贱金属变成黄金

上师能让人的内在发生转化

131

噢　亲爱的朋友

看哪！

当上师和弟子

都虚假不实

他们玩着

错觉和贪婪的游戏

试图坐石船渡海

则必定会被淹死！

132

噢　卡比尔

我见到了上师

让我获得自由

就像盐融入面粉

我不再是我！

现在　我已超越

种姓

教义

名称

噢　亲爱的朋友

现在的我

该叫什么？

133

噢　亲爱的朋友

如果学生善变

那可怜的上师

该如何是好？

给他讲的箴言

如同耳边风

风过不留痕

一支破竹笛

能够吹奏出

什么乐曲?!

134

如果一个人

执着于妄想

上师对他

又有何益?!

噢　亲爱的朋友

当斗篷被撕成碎片

把它染成不同色调

又有何益?!

135

不是所有森林里

都生长着檀香树

不是每个海洋中

都有珍珠

狮子不会成群结队

噢　亲爱的朋友

同理

真正的求道者

少之又少

独自奋斗

而非群居

136

噢　卡比尔

真遗憾！

世界被恶人统治

噢　求道者

不要因此而绝望

正所谓

种瓜得瓜

种豆得豆

137

即使被邪恶包围

圣人依然圣洁

噢　亲爱的朋友

你瞧！

毒蛇缠绕着

一棵檀香树

但树从未停止过

散发自己的芳香

138

噢　卡比尔

不要纠结于

别人的缺点

而是要看到

他们的天赋

你要看到

一切众生

皆有神性

就像那蜜蜂一样

采集百花的花蜜

建造自己的蜂巢

139

噢　亲爱的朋友

即使檀香碎成一百块
也一样会散发出芳香

然而
有些东西
比如珍珠
比如心
一旦碎了
就不会再
恢复完整

140

啊！

在地球上

有多少种

水果鲜花

噢　卡比尔

为滋养你的事物而欢庆吧！

你为何要痴迷于那没用的？

141

音乐里充满了忧郁

悲伤中洋溢着音符

噢　求道者

同理

一个苦行僧

可能会贪婪

而一个凡夫

却可能摆脱

所有的诱惑

142

噢　卡比尔

你瞧！

一根竹子

因形体高大

而迷失自我

请记住：

竹子可能长在檀香树旁

但却一点儿也没有沾上

檀香的气息

143

谁真正地爱着造物？
知道别人痛苦的人

噢　卡比尔
一个无视别人痛苦的人
不过是一个异教徒罢了

144

噢　亲爱的朋友

为何沉迷于

以后会追悔的行为？

请记住：

如果你种的是苦树

就别想着

吃到甜蜜的芒果

145

谁是邪恶的？

邪恶在哪里？

噢　亲爱的朋友

我四处找寻

却一无所获

当我看向内在

我这才发现

邪恶就在

自己的心中

146

上苍啊！

请赐予我

足够的食物

好养活

我的家人

并能够施食

给每一位

来化缘的人

147

如果一个真正的求道者

睡着了

噢　亲爱的朋友

请叫醒他

但是

有一些

让他们

继续睡着

更好

傻瓜

老虎

毒蛇

148

我们对躯壳如此着迷
竟然还是不知道
壳内珍珠的价值

噢　卡比尔

上苍向我们所有人
显现自己
不是作为他的样子
而是作为我们的样子！

生命的秘境

SHENGMING DE MIJING

图书在版编目（CIP）数据

生命的秘境 / （印）卡比尔著 ; 清宁，陈迦文，
艾千又译. -- 桂林 : 广西师范大学出版社，2024. 11.
（梵澄译丛 / 闻中主编）. -- ISBN 978-7-5598-7438-2

Ⅰ. I351.22

中国国家版本馆 CIP 数据核字第 2024DN7322 号

广西师范大学出版社出版发行

广西桂林市五里店路 9 号　　邮政编码：541004

　网址：http://www.bbtpress.com

出版人：黄轩庄

全国新华书店经销

湛江南华印务有限公司印刷

　广东省湛江市霞山区绿塘路 61 号　　邮政编码：524002

开本：710 mm × 960 mm　　1/16

印张：13.25　　　　字数：36 千

2024 年 11 月第 1 版　　　2024 年 11 月第 1 次印刷

印数：0 001~5 000 册　　定价：56.00 元

如发现印装质量问题，影响阅读，请与出版社发行部门联系调换。